REPENTIR

OU

CONFESSION PUBLIQUE

DE

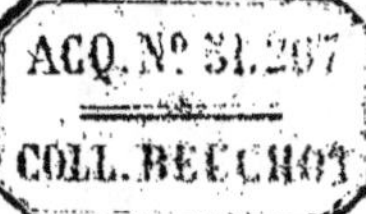

MONSIEUR DE VOLTAIRE.

Non de moreris in errore impiorum : ante mortem confitere.

ECCLESIASTIQUE C. 17.

À LAUSANNE.

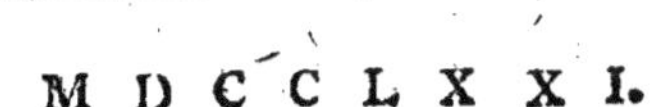

M D C C L X X I.

REPENTIR

OU

CONFESSION PUBLIQUE

DE

MONSIEUR DE VOLTAIRE.

MES iniquités sont publiques, ma confession doit l'être. L'univers a été temoin de mes égaremens, pourquoi ne le serait-il pas de mon repentir? Quel mortel sur la terre doit plus s'humilier que moi? Qui porta jamais si loin la malignité du crime? Oui, je dois cette satisfaction à Dieu & aux hommes: elle est bien légere & bien tardive, je l'avoue, mais c'est la seule dont je

A 2

suis

fuis maintenant capable , & pour réparer tous mes fcandales , ne dois-je
pas tout ce que je peux? Malheureu-
fement dans l'état de faibleffe & d'in-
firmité où je me trouve , il m'eft impoffible d'entrer dans un grand détail ;
je fuis forcé de m'en tenir à un fommai-
re très concis & encore ne puis-je trop
me hâter : Je commence.

Né avec une paffion extrême pour
la gloire , à quelque prix que ce fut
j'ai voulu me rendre célébre. Le
parti de l'incrédulité m'a paru conftamment le plus fûr. J'ai compris que,
l'homme fait pour être libre , aime
naturellement l'indépendance, que tout
ce qui le contraint le révolte, & que
le vrai moyen de fe le rendre favorable , c'eft d'éffayer de rompre fes
chaînes. Perfuadé, que le Chriftianisme , qui met un frein à toutes les
paffions, eft le joug qui femble le plus
onéreux , j'ai prétendu me concilier

tous

tous les esprits en m'efforçant de les en affranchir.

Cette affreuse résolution éclata dès ma jeunesse : les premiers essais de ma plume, furent des essais d'impiété. L'applaudissement de quelques prétendus esprits forts m'encouragea ; j'hazardai quelques traits plus hardis ; de nouveaux éloges m'animérent d'avantage : enfin une fois sûr de l'ascendant, je n'ai plus gardé de mésures ; j'ai éxageré le réel, réalisé le chimérique, effacé l'évident, effectué l'impossible : les paradoxes, les contradictions ne m'ont plus coûté ; je me suis fait un front d'airain, je n'ai plus rougi.

Alors je me suis déclaré ouvertement contre le Christianisme: pour mieux détruire sa créance parmi les hommes, j'ai tourné en ridicule ses dogmes les plus sacrés ; j'ai produit ses mystères saints comme absurdes ; j'ai présenté ses principes comme propres a répandre

A 3

l'esl'efprit de fanatisme & de cruauté : j'ai apporté en preuves fes abus.

Peut-on plus de mauvaife foi ? Je connaiffais parfaitement l'efprit de l'E-vangile ; j'étais convaincu que ce livre faint renferme la morale la plus fubli-me, qu'il n'infpire que la pratique des plus hautes vertus, que fes belles ma-ximes ne tendent qu'au bien général & particulier ; je favais qu'un vrai Chrétien eft un ami réel de l'humanité, un ci-toyen utile, un zélé patriôte, un fujet fidéle ; je favais qu'il n'eft rien de fi facré, dont les efprits ou pervers ou ignorans ne puiffent abufer, & que le Chriftianisme pour avoir eû dans fon fein quelques entoufiaftes indifcrets, ou pour avoir quelquefois fervi de pré-texte à des crimes odieux, n'en eft pas moins une Religion divine dans tous fes points.

Mais de quoi n'eft pas capable l'am-bition la plus déméfurée ? Malgré ma

pro-

propre confcience , j'ai perfifté dans mon horrible projet. A mon gré , les ruines feules de la Religion pouvaient fonder ma gloire.

J'ai contefté l'autenticité des livres divins ; j'ai feuilleté leurs Commentateurs les plus rénommés ; j'ai récueillis les difficultés auxquelles ils répondent de la maniére la plus fatisfaifante , & je les ai produis comme une preuve complette de la fauffeté des écritures.

C'étoit trop peu : après avoir donné l'Hiftoire facrée pour fabuleufe , j'ai voulu la rendre méprifable. J'ai avili fes Héros les plus illuftres ; dans la bouche du plus fage de fes Rois, j'ai mis les difcours de l'impie qu'il combat ; je lui ai fait tenir un langage précifément contraire à celui qu'il tient ; j'ai réprefenté le peuple Juif comme ayant été de tous les tems l'opprobre & le

A 4

ré-

rébut des nations (*) enfin que n'ais-je point dit contre l'infpiration des livres faints ? Toutes mes œuvres fourmillent à cet égard des traits les plus infenfés & les plus impies : ils font fi multipliés qu'il m'eft impoffible de les décrire tous.

L'Hiftoire Eccléfiaftique , après les divines écritures, le livre le plus refpectable du Chriftianisme, fut, comme elles, l'objet de ma fureur. J'ai répandu fur fes faits les plus inconteftables les ténébres du doute & du menfonge, quoi

(*) Un de leurs defcendans (Mr. *Pinto* de la Haye) homme autant diftingué par fes talens litteraires , que par fes qualités civiles , m'a répondu à ce fujet fur un ton auffi humiliant pour moi qu'honorable pour lui : dans l'écrit le plus honnête , le plus folide & le plus élegant, il m'a prouvé mes torts fans réplique , il m'a convaincu de pédantifme , il m'a démontré que je parlais de ce que je ne favais point & que j'ignorais autant la langue hebraique , que je voulais paraitre la poffédei.

quoi qu'en ayent dit les auteurs les plus dignes de foi , tels que les *Baronius* , les *Boſſuet* , les *Fleury* , les *Tillemont* , j'ai traité de chiméres la perſécution des tirans contre les prémiers Chrétiens, étayé de l'autorité du Cacouac *Dodwel* , j'ai aſſûré qu'il n'y-a pas eû la milliéme partie des martirs dont nos hiſtoriens anciens & modernes ont fait mention ; que les cruautés qu'ils diſent qu'on a éxercées à leur égard , ſont autant de fables inventées dans les ſiecles d'ignorance & de ſuperſtition ; qu'aucun des Céſars n'inquiéta les fideles jusqu'à *Domitien* ; je n'en ai pas même excepté *Néron* : je ſavais cependant ce que *Suétone* , *Sulpice Sévere* , & *Paul-oroſe* ont dit des ſupplices horribles que ce Prince inhumain fit ſouffrir aux Chrétiens ; je connoiſſais la vive peinture que *Tacite* nous en a laiſſé ; que dirais-je enfin j'etais

A 5

con-

convaincu de la verité de tout ce que je conteftais.

Mais en m'efforçant de détruire une Religion aussi univerfellement reçue que la Religion Chrétienne, je fentis qu'il fallait, pour mieux réuffir, lui en fubftituer une autre. La Religion naturelle parût m'être la plus favorable : cependant une difficulté très férieufe m'arrêta; préfentée dans toute fa pureté , cette Religion m'était on ne peut pas plus contraire; fondée fur les lumieres de la raifon, elle faifait fentir elle-même toute fon infuffifance ; elle conduifait à la néceffité de la révélation : d'ailleurs elle indiquait ce qui appartient à Dieu, ce qu'on fe doit les uns aux autres ; elle établiffait invinciblement la difference du bien & du mal, du vice & de la vertu : & comme mon but principal était de décliner toute Religion, je ne voulais en donner qu'un phantôme & ç'eût été en donner une réelle. J'étais

em-

embaraffé , je le fus même long-tems : mais mon audace & ma témerité ordinaire me firent tout hazarder. Dans le Poëme le plus impie , j'ai préfenté la Religion naturelle comme une loi bornée à l'obfervance d'un petit nombre de préceptes moraux , a l'adoration pûrement intérieure de l'Etre fuprême; comme n'excluant aucune efpèce de culte, de quelque nature qu'il fut ; comme permettant tous les fentimens , toutes les differentes maniéres de penfer fur tout ce qui s'appelle devoirs ; comme ne faifant aucunes menaces , & ne promettant que des récompenfes : quel fyftème plus abfurde & plus affreux!

Si l'Etre fuprême eft indifferent pour toutes fortes de cultes , il eft contradictoire : il adopte également la verité & le menfonge ; la louange & le blasphême font l'un comme l'autre à fes yeux ; quoi de plus extravagant!

Si tous les devoirs font arbitraires,
cha-

chacun peut vivre au gré de fes defirs & ne confulter que fes penchans. Dès lors plus de principes, plus de freins : l'intérêt perfonnel eft l'unique mobile qui fait partir tous les refforts & les met en jeu : les hommes peuvent faire aux autres ce qu'ils ne voudraient pas qu'on leur fit à eux-mêmes : l'injuftice, le vol, l'adultere, l'homicide, la perfidie &c. font permis. Quelles maximes plus abominables !

Si les hommes n'ont que des récompenfes a efperer, Dieu couronnera le méchant orgueilleux comme l'humble vertueux, l'impitoyable comme le compatiffant, l'impofteur comme le véridique, l'ufurpatéur comme le poffeffeur légitime &c. quoi de plus ridicule !

Telles font les fuites néceffaires de mes principes fur la Religion naturelle : je ne l'ignorais pas en les mettant au-jour & c'eft ce qui m'indigne aujourd'hui contre moi-même.

Mais

Mais j'ai fait plus encore : j'ai ajou-
té, pour mieux féduire, l'hypocrifie à
l'impiété : quelque fut mon audace, j'ai
fentis que je devais ufer de précautions ;
que pouffé trop loin, ou par la fcience
ou par l'autorité, j'aurai befoin dans la
fuite de rétranchemens & qu'il fallait
m'en ménager : en conféquence, dans
deux ou trois endroits de mes œuvres,
j'ai affés bien parlé du Chriftianifme &
de fon divin Auteur.

Dans mon Poëme fur la vraie vertu,
j'ai réconnu la divinité de Jefus-Chrift ;
je le fais taire & parler en Dieu ; je lui
donne fur fon Juge cette inéffable fupé-
riorité, que le Créateur à fur fa créa-
ture.

Dans ma *Henriade*, le meilleur de
mes ouvrages, & qui, feul, aurait pû
fatisfaire ma paffion pour la gloire, fi
elle avait pu l'être, je réconnais le doigt
de Dieu dans l'établiffement de la Religion Chrétienne ; je célébre les vertus de
fon

fon prémier Apôtre ; je loue quelques
uns de fes fucceffeurs ; je vante l'intrépi-
dité de leur foi ; je confeffe la verité ,
l'unité , l'univerfalité de l'Eglife ; je
parle dignement de fon augufte facri-
fice.

Telle eft la reffource que je voulais
me préparer en cas de neceffité (*)
Mais cet artifice n'eût pas tout le fuccés que je m'en étais promis : je n'en
ai impofé qu'aux efprits bornés & fu-
perficiels : Eh ! quelle autre claffe d'hommes aurait pû prendre le change ? Eft-il
un feul de mes ouvrages qui ne refpire
la haine de la Religion ? Es - ce qu'à chaque page je ne démens point ce que je
dis dans quelques unes en fa faveur ?
fans parler de mon Epitre a *Uranie* ,
&c.

(*). C'eft ce qui fouvent m'a fait nier plufieurs
de mes productions, crier à la calomnie , à l'im-
pofture & foutenir hardiment qu'on me les im-
putait à faux.

&c. Mes feules hiftoires allégoriques fuffi-
fent pour me dévoiler & me confondre,
dans celle du dieu Fo & du DA LAÏLA-
MA des Tartares, il eft vifible que je tour-
ne en ridicule & l'Eglife Chrétienne &
fon Chef refpectable ; dans celle des Qua-
kers, l'allufion ne peut être plus fenfi-
ble ; le langage que je fais tenir à un
ancien de cette fecte eft une ironie pal-
pable & continuelle du Chriftianisme &
de fes faints ufages. Non jamais je n'ai
été fincére dans le peu de bien que j'ai
dit de la Religion : mon plus grand plai-
fir a été conftamment d'en dire du mal.
parce que Conftantin le grand eft le premier prince qui a protégé les Chrétiens
je l'ai traduit comme un monftre : j'ai
donné pour réels tous les crimes dont
la haine des Payens l'a chargée ; j'impute
fauffement aux Chrétiens de fon tems des
cruautés inouies : parce que Charlema-
gne, le plus grand de nos rois, fou-
haitait d'étendre le Chriftianisme auffi loin

que

que ſes conquêtes , je le traite d'homme faible , ſuperſtitieux , ignorant &
fanatique ; je ne lui réconnais pas même l'ombre d'une vertu , en récompenſe je préconiſe les Empereurs Payens ,
les *Trajan* , les *Marc-Auréle* , les *Antonin* , les *Julien* &c. il eſt vrai qu'ils
furent perſécuteurs , inhumains & barbares : mais contre ma propre conviction , je les diſculpe entiérement ; je
leurs prête les plus belles vertus ; je
les éléve infiniment au deſſus des plus
grands Héros du Chriſtianisme. Je n'exalte pas moins *Socrate* , *Platon* , *Epicure* , *Ariſtide* &c. Je les donne comme
les oracles de la ſageſſe & de la verité :
en un mot j'ai toleré toutes les Religions , tous les hommes , excepté la
Religion Chrétienne & les Chrétiens.

Un abîme précipite dans un autre ,
après avoir combattu les verités les plus
ſaintes & les plus inconteſtables. J'ai mis
en problême la ſpiritualité , l'immortalité

de

de l'ame. J'avais reconnu l'une & l'autre hautement : mais, comme je l'ai
déjà dit, ce fût toujours une bagatel-
le, un jeu pour moi que de me con-
tredire, ces deux articles essentiels te-
naient trop à la Foi : je savais qu'ils en
étaient les principaux fondemens ; je
voulus les ébranler.

Dans mon *Epître à Mr. de Génon-
ville*, je jette quelques nuages sur ces
dogmes, si conformes aux principes
& aux lumieres de la raison. Dans
mon *Essai sur l'ame & les idées*, je
déploie de plus grandes incertitudes ;
je m'étaye de l'autorité du célebre *Newton*; je lui prête sur ce point essentiel,
des sentimens qu'il n'eût jamais ; je fais
sonner bien haut le nom du fameux
Loke; enfin je tranche, j'égale l'homme a la bête sur le principe de la pen-
sée, j'avance qu'un enfant n'est essen-
tiellement rien de plus qu'un petit chien.

Du Matérialisme j'ai passé au Mani-
chéis-

chéisme que j'avais autre fois fortement combattu. Dans un fonge que j'ai donné fous le nom de *Platon*, j'étale toutes les horreurs de cet affreux fyftême : c'eft-là que je décoche fur le Créateur & fur fes ouvrages tous les traits de l'impiété : c'eft la fatyre la plus noire & la plus fanglante contre la Sageffe & la Providence divine : chaque phrafe, chaque ligne, chaque mot eft un blafphême.

L'Optimisme, cet enfant mort né de ma plume facrilége, ce Roman plat, indécent, mal combiné, mal tiffû renferme le même poifon : j'y condamne ouvertement le Maitre & le Modérateur de l'Univers : j'y réjette fur lui ou fur une aveugle fatalité tout le mal phifique & tout le mal moral. J'avais cependant foutenu le parti contraire ; je m'étais déclaré pour la perfection du monde tel qu'il eft ; j'avais admiré la jufteffe & le rapport de fes proportions, l'ordre &

l'har-

l'harmonie qui regnent entre ses par-
ties. Dans mon Discours en vers *sur
l'Homme*, en avouant les grandes difficultés que présente le sort inégal des
bons & des méchans ici - bas, j'avais
conclû qu'il fallait adorer humblement la
volonté de Dieu, & que si l'on ne com-
prénait point les secrets de sa conduite,
il valait mieux se taire que de blasphé-
mer: rien n'était plus raisonnable & plus
juste; j'aurais dû rougir de me rétracter;
mais je savais que je causerais plus de
mal que de surprise, & il faut l'avouer
à ma honte, c'est tout ce que je pré-
tendais.

Mon Poëme sur le *désastre de Lis-
bonne* exhâle, à peu de choses près,
la même contagion: le but en est moins
visible, les ressorts en sont plus secrets,
mais il n'en est guéres moins dangereux.
J'y fais valoir, avec autant de force que
d'art, tout ce qui parait affaiblir les idées
ou de bonté, ou de sagesse, ou de

 puis-

puissance, ou de justice que nous avons naturellement de Dieu.

Au Manichéisme j'ai fait succéder le Fatalisme : j'ai combattu la liberté de l'homme ; j'en ai fait un agent necessité, asservi à des loix immuables, dependant d'une destinée bizarre, à laquelle rien ne peut le souftraire. J'ai justifié ce système par les plus pitoyables raisonnemens ; en voici quelques uns : ils pouront faire juger sainement des autres : tous sont de même nature.

Les bêtes, ais - je dit, ont des idées ; or elles agissent nécessairement, donc on peut avoir des idées & n'être pas libre. Quel argument ! Qui ne sentirait point qu'il porte sur un fondement tout - à - fait ruineux & que sa conclusion est aussi peu récevable que son principe est incertain.

Si un homme ais - je dit encore, pouvait diriger à son gré sa volonté, il pouroit alors déranger l'ordre des choses.

ſes. Quoi de plus extravagant! La liberté emporte - t - elle néceſſairement la toute puiſſance? & parceque l'homme peut
parler ou ne pas parler, marcher ou ne
pas marcher, s'en ſuit - il, qu'il peut
changer les loix de la nature?

Je l'avais cependant réconnu cette-li-
berté; je m'étais déclaré pour elle dans
une lettre que j'eûs l'honneur d'écrire
au Roi de Pruſſe, & dans un Poëme
que je compoſai exprès : mais je le
répéte encore, les contradictions ne
m'ont jamais coûté.

Après avoir ainſi combattu la Religion
dans ſes principes, j'ai voulu la combattre dans ſes conſéquences. J'ai qua-
lifié de chiméres toutes les vertus en
géneral ; j'ai ſoutenu qu'il n'y en avait
aucune d'eſſentielles ; que toutes é-
taient rélatives ; qu'elles differaient ſelon
les climats, les Nations & les formes du
gouvernement. Peut - on rien de plus
affreux ? Mais ſi tous les hommes m'a-

vaient

vaient crûs, l'univers ne ferait plus qu'un théatre lugubre où toutes les paffions donneraient chaque jour les fcênes les plus fanglantes. Si la voix de la nature & de la raifon n'avaient pas été plus forte, que ferait aujourd'hui la fociété? Chacun des individus qui la compofent concourrerait à fa deftruction: on n'aurait plus de régle que fes penchans, plus de loix que fes defirs, plus de frein que la crainte de l'autorité : la fidelité conjugale, la tendreffe paternelle, la piété filiale, tous les liens réciproques qui uniffent les hommes entre eux feraient rompûs.

Voilà en effet où tend toute ma morale. Mes Lettres *libres* rétracent les mœurs, les maximes des Epicuriens, des Cyniques: mon Poëme *du Mondain* eft auffi licentieux qu'il eft impie ; mon Apologie *du Luxe* eft l'un & l'autre ; mon Epitalame fur le Mariage de Mr. *le Duc de R.* ne leurs céde en aucune maniére;

re ; & mon Poëme infâme de la *Pucel-
le d'Orléans* feroit rougir le plus décidé
libertin.

Dans mon Difcours *fur la Modération*,
j'avance que les Souverains ne font ni
fenfibles, ni juftes, ni vertueux. Dans
mon allégorie *de Micromegas*, je dis que
ce font des barbares fédentaires, qui
du fond de leur cabinet, ordonnent
dans le tems de leur digeftion, le maf-
facre d'un million d'hommes, & qui
enfuite en font rémercier Dieu folemnellement. Dans mon Ode *fur la Paix*
j'excite les troupes à la révolte, je leur
foutiens qu'ils n'expofent leur vie que
pour des caufes iniques & des maitres
ingrats. Je m'efforce également de fou-
lever les peuples, je leur infpire l'efprit
d'indépendance, je les affûre qu'un
homme à qui ils donneront la couronne
par voie d'élection la poffédera à plus
jufte titre que celui qui la tient par les
droits de fa naiffance. Quoi de plus

B 4

pro-

propre à former partout des *Ravaillac*, des *Damien*? & à moins que de les imiter, peut-on être plus criminel?

Je ne respecte pas d'avantage le sanctuaire des loix : j'injurie tous les Magistrats : je dis qu'en achetant le droit de juger, ils achetent celui de vendre la justice. J'insulte à un des plus augustes tribunaux (*le Parlement de Paris*). Je m'efforce d'affaiblir ses droits, son autorité ; je répands sur son origine les nuages de l'incertitude : j'en avais cependant fait autre fois un digne éloge ; j'avais exalté ses lumiéres, son équité, son attachement inviolable à la Personne sacrée de nos Rois. Mais cet illustre sénat m'a justement flétri depuis, par differens arrêts, & de la trempe dont j'étais, pouvais-je n'en pas dire plus de mal, que je n'en avais dit de bien ?

Je ne suis pas plus réservé à l'égard des peuples de l'Europe, je ne vois chés

eux

eux aucune vertu, je n'y découvre que des vices.

Selon moi, les Italiens n'ont que le masque de la Religion, ce font tous des hypocrites; la trahifon, l'empoifonnement, l'affaffinat font leurs crimes ordinaires; tous donnent dans la débauche la plus vile & la plus crapuleufe.

La legereté, l'inconftance, la frivolité caractérifent tous les Français: amateurs de la nouveauté, ils s'anthoufiasment pour des riens, des miferes ridicules les occupent férieufement.

Les Anglois pour le plus grand nombre, font Athées ou Deiftes, les autres font fanatiques, tous font enclins au fuicide.

La groffiéreté, l'ignorance, l'interet, les prejugés dominent les Hollandais &c. &c.

Quel caractére plus odieux & plus noir que le mien? Mais je dois être l'éxécration du monde entier.

B 5

Qui

Qui peut douter qu'on trouve en Italie de la vraie piété, de la franchise, de l'humanité, de la sagesse & de la retenue ? Toutes les Nations n'ont-elles pas leurs défauts & leurs vertus ? Pourquoi donc ne les montrer que du côté le plus désavantageux ?

Si les Français n'avaient que des vices, réuniraient-ils tous les suffrages ? Et où trouver un Peuple plus affable, plus doux, plus complaisant, plus officieux ? C'est une justice que tous les étrangers leur rendent. Je les taxe de frivolité ; mais combien d'ouvrages solides en tous genres sont sortis de leurs plumes brillantes ? Où les arts utiles & agréables ont-ils été poussés plus loin ? Où trouver en un mot tant de bien a dire & si peu de mal ?

Quel éloge ne peut-on pas faire des Anglais ? N'ont-ils pas d'excellentes qualités qui les distingue ; qui leur sont particulieres ? Que de grands hommes

par-

parmi eux ! que de genies profonds &
fuperieurs ? &c,

Je dis que les Hollandais font groffiers,
mais n'es-ce pas le peuple le plus com-
merçant ? Et quoi de plus oppofé à l'efprit
de commerce que la groffiereté ? Ils
n'accueillent pas également bien tous les
étrangers, mais, on ne peut que les
applaudir en cela ; dans un pais libre
on ne faurait trop être fur fes gardes;
ouvert à tout le monde, un fripon peut
y venir comme un honnête homme.

Je dis qu'ils font ignorans : mais combien peuvent-ils compter de Savans parmi eux, & de Savans célébres, univerfellement connus ? Quand ils n'auraient
eûs qu'un *Vitriarius*, un *Bœrhaave*, un
Albinus, un *'s Gravefande* ; quand ils
n'auraient qu'un *Peftel*, un *van Swieten*,
un *Gaubius*, un' *Allamand* ; en faut-il
d'avantage ? Tous ne font pas Hollandais,
mais oûtre qu'ils le font pour la plupart,
le choix & l'adoption des autres ne peu-

vent

vent que faire beaucoup d'honneur à ces sages Républicains.

Je n'attaque pas moins vivement les Etats les plus respectables. J'ai déclamé contre toutes les institutions Réligieuses ; j'ai répeté cent fois que le vœu de continence qu'on y fait , ne tend qu'à la ruine de notre espéce : il est vrai que j'ai assuré que le monde est plus peuplé aujourd'hui qu'il n'y à deux mille ans , que j'ai beaucoup loué Mr. *Newton* d'avoir gardé toute sa vie le célibat & que je suis moi - même célibataire ; mais qu'importe : les Moines avaient des vertus , ils soutenaient un édifice que je voulais renverser : c'étaient des raisons plus que suffisantes pour moi de les décrier , aussi quoique j'eûs réconnu parmi eux , des talens superieurs , de l'érudition , de l'éloquence , du vrai merite , j'ai placé dans les cloîtres le trône de la paresse , de la superstition & de l'ignorance.

Le

Le Clergé féculier n'a point été plus heureux : j'ai vivement cenfuré le fafte des Evêques , des Abbés , de tous les gros beneficiers en géneral : j'ai mis leur orgueil, leur molleffe en parallelle avec l'humilité, l'auftérité de leurs premiers prédeceffeurs : j'ai fortement appuyé fur le mauvais ufage qu'il font de leurs immenfes revenus : j'ai furtout plaifanté fur cette claffe d'Eccleffiaftiques , qui n'ont de leur état que l'habit , & qui dans l'art de fe musquer , de fe pinda-vifer, d'être rien , en apprendraient encore à nos plus fades petits-maîtres.

Si le zèle feul m'avait alors emporté, je n'eûs été qu'indifcret ; mais, il faut le dire, ma plume n'était conduite que par une haine implacable contre la Religion , je pretendais diminuer la vénération qu'on lui porte en diminuant celle qu'on à pour fes miniftres. Quel autre but , en effet , pouvais-je me propofer ? Ce n'était fûrement pas d'édifier :

je

je m'y ferai pris tout autrement. J'aurai cité ces beaux exemples de régularité, de modeftie, de defintéreffement, de charité que nous donnent encore aujourd'hui beaucoup de Prélats ; j'aurai loué ces Pafteurs, ces Prêtres ardens pour la gloire de Dieu, le falut des fideles ; je ferai entré avec complaifance dans le détail des peines, des fatigues de leur miniftére ; j'aurai parlé de ces douces confolations qu'ils répandent dans le fein des malades, des affligés, des indigens ; j'aurai vanté leur tendre follicitude pour les ames égarées, les genereux efforts qu'ils font pour les rémettre dans la voie droite : quel eloge enfin n'en aurais-je point fait fi je n'avais pas été & méchant & impie ?

Tant de licence était une fuite naturelle de mes déteftables fentimens fur la vertu ; ce frein des paffions, une fois brifé, elles fubjuguent, elles maitrifent, il n'eft plus poffible de réfifter à la for-

ce

ce de leur impulsion, on est capable des plus grands excès : aussi ais-je suivi toute la perversité de mon cœur. Je viens d'en donner des preuves assés convaincantes : néanmoins, comme ma conscience est un fond inépuisable d'iniquités, il me reste encore bien des aveux à faire & qui ne me couteront pas moins que les autres ; mais encore puis-je être trop humilié.

L'orgueil, source fatale de tous mes désordres, fut toujours, ainsi que je l'ai déjà dit, ma passion dominante, ce vice odieux m'inspira le desir altier de tenir le sçeptre de la litterature; dans la République la plus libre j'ai voulu regner en despote; il suffisait à un auteur d'être estimé & de meriter de l'être, pour exciter ma bile & ma haine, malgré les applaudissemens redoublés du public je le censurai ; si je ne reussissais pas assés du côté de l'esprit, je l'attaquais

du

du côté du cœur ; je lui prêtai les vices les plus honteux.

La premiere victime que je voulus immoler à l'ambition qui me dévorait, fût le célébre *Jean - Baptiste Rousseau*; la réputation brillante dont - il jouissait, m'offusqua; je résolut de l'éclipser : j'ai commencé par lui disputer le titre de Poëte, qu'il meritait certainement mieux que moi; je ne lui accordai que celui de rimeur : il me repliqua par des vers très Poëtiques ; alors ma confusion augmentant ma rage, dans une Epitre que je fis *sur la Calomnie*, je le calomniai indignement; je vomis contre lui les injures les plus atroces ; je répandis sur son honneur tout le noir venin dont j'étais gonflé ; je le diffamai, je m'efforçai de prouver un crime dont il était pleinement justifié dans l'esprit de tous les honnêtes gens ; plus acharné après lui que ne l'est le vautour après sa proie ; je je ne fus pas content de l'avoir déchiré pendant fa vie, je le déchirai même après fa mort.

Quelle réparation ne lui dois-je point! Que n'ais-je encore tout mon premier feu! Que ne puis-je couvrir fa tombe de ces fleurs fraîches & brillantes que je produifais en abondance dans mon Printems! Que ne puis-je ranimer les cendres de ce grand homme, & lui dire: oui, je reconnais aujourd'hui que vous êtes le premier des Poëtes de la France, je rends à la fublimité de vos talens, un hommage que ma confcience vous à toujours rendu, mais que ma plume envieufe vous à toujours réfufé; je me rétracte folemnellement; je conviens, avec un de mes plus zélés apologiftes (*),

de

(*) L'Auteur de *l'Hiftoire de l'Ame.* Voici ce qu'il en dit pag. 260. ,, Rouffeau eft je l'a- ,, voue, un plus grand Poëte que Voltaire, quel ,, feu! quel entoufiasme! quelles images! quel- ,, les

C

de toute votre superiorité sur moi ; j'avoue que je ne me suis jamais tant dégradé qu'en voulant vous avilir.

L'Abbé *des Fontaines* n'excita pas moins mon courroux. C'était un excellent critique, lors que la passion & la vénalité ne conduisait pas sa plume ; mais ayant osé me censurer & me censurer à propos, dès-là même je lui ai réfusé jusqu'à l'ombre du sens commun ; j'ai appellé de tous ses arrêts comme du juge le plus incompétant ; & ses mœurs me présentant plus de prise que ses lumières, j'ai tourné de ce côté-là tou-

,, les richesses & de rimes & d'idées ! quel heu-
,, reux délire ! quelle fougue ! que de nobles
,, écarts ! tous les ressorts de l'imagination se
,, seroient-ils à la fois débandés ? Ou plutôt
,, bornée aux petites spheres des objets qu'elle
,, embrasse, semblable à ces jets d'eau, dont le
,, diamêtre est augustié, cette riante & féconde
,, partie de l'ame n'en deviendroit-elle pas en
,, quelque sorte plus élastique, & par là plus
,, forte & plus magnifique dans ses productions ?

toutes mes batteries : pour bien juger de la décharge que je fis alors, il ne faut que lire mon *Odé sur l'ingratitude*, on y vera tout ce que l'orgueil ulcéré peut vomir de plus noir & de plus affreux ; on y sentira que personne n'a mieux réüssi que moi dans l'art de répondre par des réproches & des injures.

Jaloux des louanges que Mr. *Pope*, avait donné au fils du grand Racine, j'ai soutenu effrontément que ce fameux Poëte Anglais ne lui avait jamais écrit : Mr. *Racine*, montrait sa lettre à qui voulait la voir ; mais n'importe, son Poëme de *la Religion* était un chef d'œuvre, & il ne m'en fallait pas tant pour le décrier, au risque même d'être convaincu d'imposture & d'impudence.

Mr. *de Fontenelle*, le genie le plus étendu, l'écrivain le plus facile, le plus aimable & le plus modéré, ne put échapper à ma critique ; il est vrai que je l'ai menagé, mais si la crainte de me

fai-

faire trop d'ennemis ne m'eût retenu ; je ne l'aurai pas plus épargné que les autres.

La juftice qu'on rendit univerfellement à l'Auteur *du Spectacle de la Nature*, m'irrita contre lui. D'ailleurs le but qu'il s'était propofé dans cet ouvrage fi utile, ne m'avait pas déjà trop bien difpofé en fa faveur ; auffi l'ais - je traité d'efprit fimple & fanatique.

Dans mon *Temple du goût* j'avais comblé d'éloges Mr. le *Cardinal de Pôlignac*, & il meritait vraiment d'être loué : mais je ne voulais que fon fuffrage, mon encens fut purement politique. Après fa mort je me fuis amplement dédommagé de la violence que je m'étais fait pendant fa vie. Je l'ai jugé comme les autres, j'ai dit que fon *Anti - Lucrèce* était trop diffus, trop peu varié ; qu'il était ridicule qu'un Français fit tant de vers latins, furtout lorsqu'il pouvait à peine en faire quatre bons dans fa pro-

pre

pre langue ; j'ai dit enfin qu'il aurait dû rendre plus de justice à Epicure, & ne point tant perdre de tems à substituer aux rêveries de Lucrece, les rêveries de Descartes.

L'Auteur des Memoires *de Madame de Maintenon*, cette plume si bien taillée pour l'Histoire, si naturelle, si véridique, si modeste, Mr. *de la Beaumele* enfin, combien ne peut-il pas se récrier contre moi ? Peut-on être plus inique & plus outrageant que je l'ai été à son égard ? Quelles grossiéretés ! quelles calomnies ! long-tems il ne m'a opposé que de la douceur & de la retenue : mais poussé à bout, moins pour répondre à mes injures, que pour se purger de mes imputations, il vient de promettre au public de se justifier : les moyens qu'il annonce m'ont jetté dans des allarmes d'autant plus vives, qu'ils sont immanquables, mais aujourd'-hui je désire autant l'exécution de son

C 3

pro-

projet (*) que je l'ai craint; je le fol-
licite, je le conjure même ici d'y tra-
vailler fans relâche: fon honneur & ma
confcience y font vivement intereffés.

Par des Tragedies vraiment tragiques,
Mr. *de Crebillon* avait balancé ma gloire
fur la fcene; il était genéralement ap-
plaudi, je l'applaudiffais moi-même en
fecret, je ne pouvais me diffimuler fes
grands talens; qui plus eft, je fentais
qu'il m'était quelque fois fuperieur. J'en
ai conçu le dépit le plus violent, j'ai
effayé de le faire tomber, j'en ai parlé
avec mepris, je l'ai traité d'énergu-
mene.

Les fuccés rapides & brillans du Ci-
toyen de Geneve, les applaudiffemens,
les extafes de toute l'Europe fur fes
premieres productions, me donnerent
beau-

____

(*) Ce projet eft de donner une Edition de
mes Oeuvres avec des notes courtes, honnêtes
& utiles.

beaucoup d'ombrage, je crus m'apper-
cevoir que sa célébrité ternit insensible-
ment la mienne; j'appris même que les
esprits se partageaient, que quelques uns
m'élevaient au - dessus de lui, que le
plus grand nombre l'élevait au - dessus de
moi: cette idée d'un rival supérieur me
révolta, de jour en jour elle me devint
plus importune, je résolus de m'en dé-
livrer.

Je ne crus cependant pas devoir at-
taquer sérieusement un homme de la
trempe de *Jean Jacques Rousseau* : le
raisonnement qui est son fort, était justement mon faible. J'ai jugé plus à
propos de le combattre par le ridicule;
je pouvais me flatter de manier assés ha-
bilement cette éspece d'Armes , aussi
m'en suis - je tenu à ce parti comme au
plus prudent.

La singularité de ce nouveau philo-
sophe m'offrait une ample matiere. C'est
en effet l'esprit le plus étrange & le

C 4

plus

plus bizarre : il dit que l'Evangile est
nécessairement le livre d'un Dieu, & il ne
veut pas croire tout ce qu'il renferme ;
il affecte d'être savant, & il déclame
contre les sciences ; il cultive les arts,
& il les décrie ; il travaille pour les
spectacles, & il les condamne ; il sou-
tient que les hommes raisonnent toujours faux, & il veut raisonner toujours
juste, il . . . . . mais je m'oublie, il
ne s'agit pas de relever ses défauts ; il
n'est question que de réparer mes torts :
je reconnois donc ici la profondeur de
ce génie célébre ; quelle beauté de détail ! quelle force de raisonnement !
quelle élevation de style ! où trouver
plus d'invention, plus de graces, plus
de sentimens, plus d'energie ? (ses
opinions à part) C'est le meilleur de nos
écrivains c'est le Le Brun, c'est le Ru-
bens de la litterature.

Mais je ne dois pas moins de justice
à ses mœurs qu'à ses talens, s'il a des
                                        dé-

défauts, il a des vertus ... dans ses ouvrages où il se peint, ... marque de sensibilité, de la reconnaissance, de la générosité, du désintéressement, & de la moderation (*). De

(*) Quelle preuve touchante ne m'a-t-il pas donné de cette dernière vertu ? Un aussi bel exemple mérite d'être rapporté.

Madame N * * * imagina de proposer une souscription pour m'ériger une statue; beaucoup de littérateurs souscrivirent, & le fameux Pigal fut chargé de l'exécution; un projet aussi glorieux pour moi, ne pouvait que flatter infiniment mon orgueil, mais la décence exigeait que je dissimulasse l'excès de ma joie: dans une pièce de vers que j'ai adressé en forme de remerciement à cette femme, trop enthousiaste de mon mérite, j'ai affecté beaucoup de modestie; ce langage qui ne m'était nullement familier, m'imposait trop de contrainte, & pour me mettre plus au large je suis adroitement tombé sur *J. J. R.*; j'ai dit que c'était à lui qu'il fallait élever un tel monument, que depuis long-tems il réclamait cet hommage du public; il n'est personne qui ne sente toute la malignité de ce trait, & qui ne s'en indigne: mais qu'on s'appaise & qu'on admire. Toute la mortification a été pour moi, *J. J. R.* ne m'a répondu qu'en souscrivant lui-même.

De beaux drames & d'excellens vers
avaient merité à Mr. *Pyrrhon*, les suffrages les plus flatteurs: mais il n'avait
pas brigué le mien & j'en fus offenfé.
Je lui en ai témoigné mon reffentiment
avec beaucoup d'aigreur, & il m'a plaifanté de la maniére la plus delicate &
la plus piquante ; je lui ai réparti par
des invectives & il m'a repliqué par de
nouvelles épigrammes qui mirent tous
les rieurs de fon côté ; las de prê-
ter ainfi à l'ironie, j'ai ceffé mes hofti-
lités ; mais dès que j'eûs appris fa con-
verfion & que je fus affûré qu'en bon
Chrétien, il ne fe vengerait point, je
l'ai attaqué de nouveau, (*) j'ai cen-
fu-

(*) On ne s'empreffera peut-être que trop de
le venger, peut être plaifantera-t-on fur mon
changement comme j'ai plaifanté fur le fien :
rien de plus poffible, rien même de plus proba-
ble : il ne l'eft pas moins, qu'on attribuera
mon repentir à la faibleffe de l'âge & à celle
de l'efprit qui en eft comme inféparable ; mais
qu'on

suré sur tout une piéce que j'aurais dû
respecter & où il exprimoit avec assés
de feu pour son âge, la sincerité de son
repentir.

Com-

qu'on apprenne qu'au milieu de mes triomphes
les plus éclatans, que dans le téms même où
je frappais les plus grands coups contre le Christianisme, je meditais ma conversion. Si je me
suis égaré ce n'est pas par défaut de lumieres ;
en en imposant aux autres, je ne m'en imposais
pas à moi-même ; je savais que les hommes veu-
lent être trompés, & je ne voulais en satisfai-
sant leur goût, que fixer leur suffrage. Philoso-
phes prétendus ! au lieu de me persifler imites
moi ; alors vous justifierés le titre pompeux que
vous usurpés ; & pourquoi ne serais-je plus votre guide, votre oracle ? Ne m'auriés vous sui-
vis, ne m'auriés vous écouté que parce que je
flattais vos passions, que parce que je vous pro-
mettais l'impunité ? Quoi ! vous auriés pû m'en
croire & vous en rapporter à moi sur le point le
plus essentiel, sur votre destinée future ! Vous
qui taxés les Chrétiens de crédulité vous êtes
bien plus crédules vous-mêmes. Ah ! réconn-
oissés votre misere profonde, & si vous n'avés
pas rougi de penser comme je pensais autrefois,
ne rougissés pas de penser comme je pense aujourd'hui.

Comme j'ai traité l'Abbé *des Fontai-nes*, j'ai traité Mr. *Freron*. Il est vrai qu'il ne m'a pas épargné, mais en bonne foi ais - je jamais merité de l'être? D'ailleurs il m'a donné de très bons avis; il m'a conseillé de ne pas prétendre à l'universalité, il m'a dit que rien n'était plus témeraire, que c'était une folie impardonnable de vouloir embrasser mille objets, qu'on n'en peut jamais toucher que la superficie, & que comme j'en étais convenu moi - même, la vie d'un homme ne suffit pas pour posséder à fond une science seule. Rien n'était assurément plus sage que cet avis, & j'aurais au moins dû lui en savoir plus de gré; mais la reconnaissance n'a jamais été ma vertu favorite.

C'est ce que prouve assés clairement ma conduite envers le Roi de Prusse au sujet de Mr. *de Maupertius*, qu'il avait distingué. Ce Prince m'avait honoré de

sa

sa confiance, il m'avait comblé d'honneurs & de bienfaits : tant de bontés, tant d'égards exigeaient certainement du retour : cependant je n'ai pas craint de le mortifier en mortifiant son illustre protégé, en le censurant, en lui donnant des ridicules, en le traitant d'écolier. Quelle ingratitude ! Elle est atroce, il est vrai que ce Monarque m'a fait essuyer des humiliations bien sanglantes, mais qu'elles sont encore au-dessous de ce que je meritais, & de ce que j'ai merité depuis par les traits satyriques que j'ai lancé contre ce Souverain !

Combien ais-je encore outragé d'hommes autant récommandables par leurs places, leurs titres & leur rang, que par leurs lumières, leurs talens & leurs vertus (*). Je ne finirai pas si je les ci-

(*) Pour s'en convaincre, il ne faut que voir les invectives qui me sont échappées contre Mrs.

Co-

citais tous en particulier, & fi je leurs
faifais à chacun une réparation fpéciale.
Le tems prefle, ma faiblefle augmente,
je fuis forcé d'abréger & de dire en peu
de mots que, toutes mes cenfures,
toutes mes fatyres, n'ont été dictées
que par l'injuftice & l'envie. Pourait-
on en douter quand on me voit traiter
un *Pafcal* de rêveur, un *Fénélon* d'écrivain faible, un *Boffuet* de déclamateur?
Pour terminer enfin mes aveux, je con-
fefle qu'il s'en faut de beaucoup que j'aie
merité toute la grande réputation dont
j'ai joui jufqu'à préfent : j'en ai toujours été convaincu, & c'eft à cette
conviction intime que je céde aujourd'hui.

Non !

Coger & *Riballier*, quelles expreffions! les hommes, les plus vils, les plus obfcurs de la lie du
peuple fe les permettraient à peine : il ne faut
que lire l'Epitre que je viens d'adreffer au Souverain Pontife regnant : oûtre que c'eft un tiffû de
mauvais vers, qu'on ne pafferait pas à un ecolier
paffable, c'eft encore le comble de l'audace &
de l'impertinence.

Non; je n'ai jamais eû pour moi que le brillant de l'expreſſion, l'amertume du ſarcasme & l'audace de l'impiété. De tous mes ouvrages il n'en eſt pas un ſeul qu'on puiſſe dire être achévé. Ma *Henriade*, le chef-d'œuvre de ma plume, eſt un Poëme qui n'a pas moins de défauts que de beautés ; mon *Hiſtoire Univerſelle* n'eſt point une hiſtoire, mais une eſpéce de roman, où l'on trouve le récit de quelques actions vraies mêlées avec ce qu'il m'a plû de rêver ou de forger; (*) mes Piéces de théatre ſont fort au deſſoûs des excellentes Pieces de *Corneille* (**) & *de Racine*; traduites dans d'autres langues , elles

per-

(*) Quelle difference entre elle & celle du célébre Evêque de Meaux.

(**) Combien n'ais-je point encore été injuſte envers ce reſtaurateur de la ſcene françaiſe ! Quels efforts n'ais-je point fait pour affaiblir ſa haute rénommée ? Et dans quelle circonſtance encore ? Lorsque toute l'Europe en attendait de

moi

perdent de leur prix & ne ſe ſoutien-
nent que par la pompe & le ſpecta-
cle : en un mot mes dernieres productions ſont faibles, languiſſantes, la
plupart même pitoyables.

« Telle eſt ma confeſſion : ſi elle n'eſt
pas auſſi étendue qu'il ſerait à ſouhaiter
qu'elle le fût, elle eſt auſſi ſincere
qu'elle puiſſe l'être ; mais quelque vraie
qu'elle ſoit, peut-elle fléchir la juſtice
divine ?

« Hélas ! la multitude, l'énormité de
mes crimes portent dans mon ame un
trouble toujours renaiſſant : je ne me
rappelle pas un ſeul jour, un ſeul in-
ſtant de ma vie où je ne découvre de
nouveaux excés : plus je penétre dans
les détours ténébreux de ma conſcien-
ce,

moi un éloge complet. On ſent aſſés que je veux
parler ici de l'édition & du commentaire que j'ai
donné de ſes œuvres, & que j'ai propoſé par ſou-
ſcription pour former du produit un établiſſe-
ment à ſa petite niéce. Il faut avouer que je ſuis
un rare bienfaiteur.

ce, plus je me trouve coupable. Quand je considere que j'ai bû l'iniquité comme l'eau, que je me suis familiarisé avec l'impiété, le blasphême, que j'ai répandu partout l'esprit d'irréligion ; quand je pense à tant d'ames infortunées dont j'ai causé la perte, & qui ne cessent de crier vengeance contre moi ; quand je vois dans l'éloignement des siecles les maux infinis que pourront produire encore mes œuvres sacriléges, (*) je tombe dans l'état le plus affreux ; je crois voir l'abîme s'entreouvrir ; il me semble que tous les monstres infernaux m'y précipitent, que les flammes éternelles m'environnent

de

____

(*) Puissent, les Puissances se réunir & de concert purger leurs états du poison de mes écrits ! Puissent ils les supprimer tous indistinctement, les prohiber sous les peines les plus rigoureuses ! c'est le service le plus essentiel qu'ils doivent & qu'ils puissent rendre à la posterité.

D

de toutes parts, qu'elles rédoublent
d'activité; le flambeau facré de l'efpe-
rance parait s'éteindre à mes yeux, je
n'entrevois plus de fa vive lumiere qu'u-
ne faible lueur... & fur quoi m'éclaire-
t-elle encore? Sur l'atrocité de mes
forfaits. Quelles terreurs! elles agitent
toutes les puiffances de mon ame, je
ne puis les foutenir: grand Dieu! encore un regard de mifericorde ....,
ô Religion fainte, (*) monument éter-
nel

(*) Que ne puis-je la venger ici de tous mes
outrages, cette augufte & fublime Religion! Qu'il
me ferait doux d'entrer dans le détail de fes preuves & de démontrer combien elles font décifives,
& triomphantes! Mais qu'a-t-elle befoin de mon
apologie? Combien de plumes favantes fe font
fignalées avec fuccès en fa faveur! c'eft à leurs
productions lumineufes que je vous addreffe, in-
crédules du tems, prenés, au moins une fois, fur
vous de les lire: vous ne tarderés pas à vous convaincre que tous vos fyftêmes ne font que le
produit de vos paffions que la prétendue force de
votre efprit ne porte que fur la faibleffe réelle
de votre cœur & que vous feriés plus volontiers
Chre-

nel des bontés divines ! quelles douces
confolations ne portes-vous point dans
mon cœur défolé ? Quoi ! je puis efperer encore ! que votre voix eft pofiti-
tive & touchante : comment ais - je pû
fi longtems être fourd à vos tendres ac-
cens ?

Chrétiens fi le Chriftianisme ne propofait que des
dogmes à croire.

Oui, l'aufterité feule de fa morale vous arrê-
te : c'eft une verité que vous avoüés vous même
en avouant qu'on ne court aucun risque dans le
parti de la Religion Chrétienne ; en effet fi l'on
n'y court aucun risque pourquoi ne l'embraffés-
vous pas ? De tous les partis, celui où l'on n'ha-
zarde rien, eft indubitablement le plus fûr.

Eh ! qui peut vous tranquilifer fur celui que
vous avés pris ? Es - ce l'exemple de quelques
beaux efprits en vogue ? Mais de bonne foi croyés
vous qu'il étoit réfervé à notre fiecle de produire
des efprits vraiment éclairés ? Penfés vous que les
Jérômes, les *Ambroife*, les *Auguftin*, les *Chri-*
foftôme, les *Chrifologue*, les *Bernard*, les *Tho-*
mas d'Aquin &c. les *Pafcal*, les *Arnauld*, les
Nicole, les *Boffuet*, les *Fenélon*, les *Bourdaloue*,
les *Maffillon*, les *Malbranche*, les *Fleury* &c. les
Corneille, les *Racine*, les *Boileau*, les *la Fontaine*,
les *Roüffeau* &c. penfés vous dis - je que tous ces

cens ? Oui, j'espererai, vous me le commandés ; vous m'apprenés que Dieu ne veut pas la mort du pecheur , mais sa conversion , & que de tous les crimes , le seul irrémissible c'est le désespoir.

génies profonds & brillans ne fassent point autant poids que ceux dont vous vous autorisés ? Pensés vous qu'ils ayent fait profession d'être Chrétiens sans savoir pour quoi ? Oseriés vous jamais faire une pareille supposition ? Ah ! rentrés en vous-même , sondés vos cœurs , soyés vrai , & vous avouerés que quelques vertueux que vous vous imaginiés être , vous avés des faibles secrets que vous voulés ménager & qui vous portent à croire que la Religion est fausse , parceque la Religion les condamne.

REPENTIR et CONFESSION de M. de VOLTAIRE. LAUSANNE 1771